Jan Westphal

SAP dominiert den Markt für betriebliche Anwendungssysteme

Risiken und Chancen für die Anwender

GRIN - Verlag für akademische Texte

Der GRIN Verlag mit Sitz in München hat sich seit der Gründung im Jahr 1998 auf die Veröffentlichung akademischer Texte spezialisiert.

Die Verlagswebseite www.grin.com ist für Studenten, Hochschullehrer und andere Akademiker die ideale Plattform, ihre Fachtexte, Studienarbeiten, Abschlussarbeiten oder Dissertationen einem breiten Publikum zu präsentieren.

Dokument Nr. V93867 aus dem GRIN Verlagsprogramm

Jan Westphal

SAP dominiert den Markt für betriebliche Anwendungssysteme

Risiken und Chancen für die Anwender

GRIN Verlag

Bibliografische Information der Deutschen Nationalbibliothek: Die Deutsche Bibliothek
verzeichnet diese Publikation in der Deutschen Nationalbibliografie; detaillierte bibliografische Daten sind im Internet über http://dnb.d-nb.de/ abrufbar.

1. Auflage 2008
Copyright © 2008 GRIN Verlag
http://www.grin.com/
Druck und Bindung: Books on Demand GmbH, Norderstedt Germany
ISBN 978-3-640-13083-2

Fachhochschule für Wirtschaft Berlin

Hausarbeit

SAP dominiert den Markt für
betriebliche Anwendungssysteme-
Risiken und Chancen für die Anwender

vorgelegt von

Jan Westphal

Betriebliche Informationssysteme

Abgabe: Berlin, 03. Januar 2008

Inhaltsverzeichnis

Inhaltsverzeichnis .... - 2 -

Abbildungsverzeichnis .... - 3 -

1 Einleitung .... - 4 -

2 Geschichtlicher Abriss .... - 4 -

3 Chancen und Risiken für den Anwender .... - 7 -

4 Resümé und Bewertung der Marktposition von SAP .... - 12 -

Literaturverzeichnis .... - 15 -

Abbildungsverzeichnis

Abbildung 1 – Einführungszeiten in Monaten (Quelle Maassen)...........- 9 -

Abbildung 2 – Small Business Solution und mySAP................................- 10 -

Abbildung 3 – Marktanteile ERP 2005 (Quelle AMR).........................- 13-

1 Einleitung

SAP ist der weltweit drittgrößte unabhängige Softwarehersteller. Die Statistik ist äußerst beeindruckend. Zurzeit arbeiten täglich mehr als 12 Millionen Benutzer mit den Anwendungen von SAP. Bisher gibt es weltweit 121.000 Installationen der Software aus Walldorf, mehr als 1.500 SAP-Partner, über 25 industrie-spezifische Business Solutions und mehr als 43.400 Abnehmer in 120 Ländern (vgl. sap.com/germany/company/index).

Im Folgenden sollen die Entwicklung der SAP vom kleinen Vorstadtunternehmen zum Weltunternehmen aufgezeigt, Chancen und Risiken (bzw. Vor- und Nachteile) für den Benutzer erläutert werden. Es soll bewertet werden, wie SAP aktuell versucht, nachhaltig die Stellung in der Marktführerschaft dauerhaft zu profilieren und was SAP bei diesem Unterfangen ins Wanken bringen könnte.

2 Geschichtlicher Abriss
(vgl. sap.com/about/company/history)

„Nachtschichten an geliehenen Computern verschafften ihnen die ersten Aufträge. 23 harte Jahre später waren sie Deutschlands erste Software-Milliardäre."
>>The Wall Street Journal<<, 11. April 1995

Über die Zeit von mehr als 30 Jahren hat sich SAP von einem kleinen, regionalen Betrieb zu einem internationalen Unternehmen entwickelt mit über 42.000 Mitarbeitern. Heute ist SAP der Marktführer für kollaborierende, innerbetriebliche Business Solutions.

1972 gründeten die fünf ehemaligen IBM-Mitarbeiter – Dietmar Hopp, Hans- Werner Hector, Hasso Plattner, Klaus Tschira und Claus Wellenreuther eine Firma namens „Systeme, Anwendungen, Produkte in der Datenverarbeitung" (SAP) in Walldorf bei Mannheim. Ihre Vision war es, eine Standardsoftware für Unternehmens-Prozesse zu entwickln, die in Echtzeit kalkuliert und dargestellt werden konnten (vgl. Maasen 2006, S. 4).

Ein Jahr später entwickelte das Unternehmen die erste Finanzbuchführungssoftware, die gleichzeitig Grundlage für die Entwicklung anderer

Software-Komponenten war, welche später im „R/1 System" zusammengefasst wurden („R" steht für *real time data processing*). Sowohl R/1 als auch die nur wenig später erschienen überarbeitete Version R/2 wurden für sogenannte Mainframes (Großrechner) programmiert.

Ab dem Anfang der 1980er erfuhr SAP einen immensen Aufschwung. Bereits 50 der 100 größten deutschen Firmen sind R/2-Benutzer. Vor allem das hohe Level an Stabilität der Programme aus Walldorf überzeugte die Benutzer. Doch in internationale Ferne reichte der Blick des SAP-Managements zunächst nicht. Die Internationalisierung des Unternhemens erfolgte schrittweise. Man hatte sich im Auslandsgeschäft vor allem vom Bedarf der Kunden leiten lassen. So trugen insbesondere zwei wesentlich Schübe zur Internationalisierung bei.

- 1978 wollte der US-Landmaschinenhersteller John Deere die bereits in Deutschland verwendete Software auch in europäischen und afrikanischen Tochterfirmen einführen. SAP musste sich also an die internationalen Gegebenheiten des Zahlungsverkehrs, der Währungsfragen und an länderspezifische Bilanzvorschriften halten. „Dieser Kunde hat uns exportiert" (Hasso Plattner)
- 1984 gründete das Unternehmen die SAP (International) AG, die von der Schweiz aus das Auslandsgeschäft koordienieren sollte. Vor allem auch die Siemens AG nutzte International die SAP-Sofware und trug zur Internationalisierung bei (Meissner 1997, S. 54).

Im Jahre 1988 wurde die SAP GmbH in eine Aktiengesellschaft umgewandelt und ist ab dem 04.November mit 1,2 Millionen Aktien an der Frankfurter und Stuttgarter Börse gelistet.

Am 06.Juli 1992 veröffentlichte SAP bereits das revolutionäre R/3. Der wesentliche Unterschied zu den beiden Vorgängerprogrammen besteht darin, dass SAP R/3 für einen Betrieb auf Client-/Server-Basis konzipiert wurde und nicht mehr für Großrechner. Die „3" steht für einen dreistufig modularen Aufbau, der sich wie folgt darstellt: (vgl. Meissner 1997, S. 74f)
- Stufe 1 bildet der Datenbank-Server. R/3 lässt sich mit Datenbanken beispielsweise von Oracle, Microsoft oder IBM einsetzen. Auf diesem Server sind auch mehrere Tabellen, die den gesamten R/3-Datenverkehr regeln.

- Stufe 2 stellt der sogenannte R/3-Anwendungsserver dar, wobei bei größeren Installationen mehrere vernetzte Spezialcomputer diese Aufgabe teilen. Der Applikationsserver enthält den Kern des R/3- Systems. Dort sind betriebswirtschaftliche Basisprozesse einprogrammiert, etwa Buchungen. Daran knüpfen die R/3-Anwendungsmodule an, die für typische Unternehmensabläufe programmiert wurden und deren Zusammenspiel im Systemkern koordiniert wird.

- Stufe 3 stellen die sogenannten Präsentations-Server dar – zumeist herkömmliche Arbeitsplatz-PCs mit grafischer Windows-Oberfläche. Die rechenintensive Aufgabe, dem Benutzer ein optische gefällige Bedienoberfläche zu präsentieren sowie Unternehmensdaten grafisch und in Farbe aufzubereiten, schiebt R/3 den Prozessoren der Personalcomputer am Firmennetz zu.

Als SAP R/3 zum ersten Mal auf der CeBIT `91 vorgestellt wurde, war das Publikum durchaus verblüfft. „Es geht auch ohne Großrechner" lautete die Botschaft des Vorstandes auf der Elektronikmesse. SAP hatte den Trend der Zeit erkannt, wandte sich von der Mainframe-Lösung ab und übernahm das Client/Server Prinzip für R/3. Zwar wurden auch noch weiterhin Module und Updates für R/2 herausgebracht, doch einst waren die Möglichkeiten der Großrechner ausgereizt und man stieß an ihre kapazitären Grenzen. Schnell wurde die Client/Server Architektur gängiger Standard für Unternehmens-Software (vgl. Maasen 2006, S. 4).

In der Mitte der Neunziger öffnet das neue SAP- Verkaufs- und Entwicklungscenter seine Pforten in Walldorf. Es symbolisiert den globalen Erfolg des Unternehmens. Zum ersten Mal nach 20 Jahren übersteigen die Verkäufe im Auslandsgeschäft 50% des gesamten Verkaufsvolumens.

Bis zum Jahre 1996 hat das Unternhemen 1.089 neue R/3 Kunden gewinnen können. Bis zum Ende des selben Jahres wurden 9.000 R/3-Systeme erfolgreich installiert. SAP beschäftigt 12.900 Angestellte und fokussiert auf den nachhaltigen Ausbau der Marktposition und auf die Erschließung neuer industrie-spezifischer Lösungen. Im selben Jahr gibt Vorstandschef Dietmar Hopp das Zepter weiter an Henning Kagermann.

Zum Ende der 90er Jahre verkündete Mitgründer Hasso Plattner die mySAP.com – Strategie als Vorbote des Beginns einer neuen Richtung für das Unternehmen und des Produktportfolios. MySAP.com verbindet e-commerce-Lösungen mit bereits vorhandenen ERP Anwendungen (Enterprise Resource Planning), wie z.B. R/3.

Bis heute folgte noch das innovative „NetWeaver" und als Ergebnis der Kollaboration mit Microsoft „duet" – ein Programm, um MS Office mit Anwendungen der SAP zu vereinigen (vgl. en.wikipedia.org/wiki/Mysap).

3 Chancen und Risiken für den Anwender

SAP dominiert den Markt für betriebliche Anwendungssysteme. Ein Zustand, der vermitteln mag, dass die Vorteile die Nachteile der SAP-Produkte (speziell R/3) deutlich überblenden. Tatsächlich überwiegen die Cahncen die Risiken für den Benutzer in der Praxis. Wo sich allerdings Nachteile auftun, ist ihr Ausmaß nicht zu unterschätzen.

Die Umstellung der Unternehmens- und Produktionsprozesse ist mit einer hohen Komplexität verbunden, die sich von der Anschaffungsüberlegung bis zur vollständigen Implementierung des Programmes durchziehen wird. Dieser Aufwand hat seinen Preis, der sich aus Anschaffung der Software bzw. Softwarelizenzen, Installation der selbigen und des Netzwerkes und der Schulung der Mitarbeiter in bis zu dreistelligen Millionenbeträgen subsummieren kann. Da es sich bei den von SAP angebotenen Produkten um sogenannte Standwardsoftware handelt, kann diese

in der Regel nicht zu 100 Prozent auf die Bedürfnisse und die Spezifik jedes Unternehmens zugeschnitten sein. Somit ensteht ein weiterer zusätzlicher Überlegungs-, Planungs-, Finanz-, und Zeitaufwand, um eigene Organisationsprozesse den Voraussetzungen der Standardsoftware anzupassen, um somit zukünftige Marktvorteile zu generieren. Vor allem zu Beginn der R/3-Ära (Anfang der 90er) war das für viele potenzielle Benutzer ein Hemmnis, da R/3 nicht für Großrechner (R/2 und R/1) entwickelt wurde, sondern für effizientere Client/Server-Lösungen (vgl. Meissner 1997, S. 72).

Eine Umstellung auf R/3 setzte also vollkommen andere Hardware-Anforderungen an die Unternehmen als zuvor. Weiterhin nachteilig war zu dieser Zeit, dass es schon eines Computers mit seiner Zeit „High-End-Ausstattung" bedurfte, um R/3 auf ihm flüssig laufen zu lasssen. Solche Geräte waren damals gerade in der Entwicklung und in der Anschaffung sehr teuer. Zudem wusste man zu diesem Zeitpunkt noch nicht, ob sich das Client/Server Netzwerk gegenüber den Großrechnern durchsetzen würde (vgl. Meissner S.72, S.68).

Der immense Zeit- und Geldaufwand lässt vermuten, dass ein solches Unterfangen an unglaubliche Risiken für die Unternehmen geknüpft ist. Schließlich setzt eine Investition in dieser Größenordnung den nachhaltigen Erfolg des Unernehmens voraus, um diese auch wieder armortisieren zu können. Somit begeben sich Unternehmen in eine starke Abhängigkeit, von der sie sich nur schwer befreien können, da eine Umstellung auf ein anderes Produkt einer Konkurrenzfirma aufgrund der hohen Anschaffungskosten für SAP ausgeschlossen ist. Abhängig sind die Benutzer auch von der Zuverlässigkeit und vor allem Stabilität des Programmes und der Server. „[...] Ohne die Software aus Walldorf gingen mitlerweile auch die Lichter in Silicon Valley aus. Denn von einem SAP-Totalausfall betroffen wären als erste die rund acht Millionen Kunden des Energiekonzerns Pacific Gas an Electric (PG&E) im mittleren und nördlichen Kalifornien" (vgl. Meissner, S.96).

Weiterer Nachteil ist die Gefahr vor der willkürlichen Erhebung von Wartungs- und Servicekosten durch die SAP AG.

Der bereits schon mehrfach angesprochene Umstellungsaufwand birgt allerdings noch weitere Gefahren. So kann diese Umstellung bis zu mehreren Monaten dauern und somit die Produktion währenddessen stark einschränken oder gar lahm legen. Auch kommt es auf die Motivation der Untergebenen und Mitarbeiter an, die die immer komplexer werdenden SAP-Anwedungen beherrschen lernen müssen, um einen reibungslosen Ablauf der Produktionsprozesse zu gewährleisten. Ein nicht zu verachtender Punkt ist gerade die Komplexität. „Beim Anpassen der hochintegrierten Standardsoftware an das jeweilige Unternehmen sind die EDV-Spezialisten der SAP-Kunden zumeist auf R/3-kundige Fachberater von außen angewiesen, die sich mit den Feinheiten des komplexen Systems auskennen. „Denn ein einziges falsch ausgefülltes Steuerfeld kann bereits fatale Folgen für den Programmablauf haben" (Meissner, S. 76). Die „Computerwoche", der vehementeste Kritiker der SAP, titelte dazu bereits 1995 folgendes:
„Komplexität von R/3 ist verhängnisvoll für SAP."; und „Diese Programme werden förmlich an ihrer Komplexität ersticken" (Meissner, S. 77).

Vieles was zunächst nachteilig erscheint, kann jedoch auch zum Vorteil gereichen oder ist beim Konkurrenten auch nicht besser zu finden.

	Durch-schnitt	Kleinster	Größter
Baan	25	12	38
JDEdwards	22	6	44
LAWSON	23	7	56
ORACLE	26	4	70
	25	12	48
SAP	20	3	48
SSA	17	9	25

Abbildung 1 – Einführungszeiten in Monaten (Quelle Maassen S.7)

So verdeutlicht diese Abbildung, dass die Installationszeiten der Systeme von ERP-Anbietern stets sehr zeitaufwändig sind. SAP vermag sich sogar in jeglicher Hinsicht vom Hauptkonkurrenten Oracle/Peoplesoft abzuheben.

Weitere Chance, die sich aus der Verwendung von SAP ergibt ist, dass eine Standardsoftware bedeutend billiger sein kann als die Entwicklung einer Eigensoftware. Vor allem in den den 70er Jahren war eigenst entwickelte Individualsoftware Usus und sie verschlang bei den jeweiligen Unternehmen ungeheure Mengen an Geld. Die individuell angepasste Software „von der Stange" bringt heute vielen Unternehmen immense Kostenvorteile, da diese Software nicht zwingend gekauft werden muss, sondern auch von SAP gemietet werden kann. Dies führt zu höherer Liquidität und Flexibilität für Unternehmen, so dass sie nicht für die nächsten Jahre an die SAP-Software gebunden wären, wie bei einem Kauf.

Einer der entscheidensten Vorteile standartisierter Software für vereinheitlichte Aufgabenprozesse ergibt sich aus einem immensen Erfahrungseffekt. So hat SAP mit jeder getätigten Installation dazu gelernt. Die Entwicklung einer Standardsoftware profitiert von den Erfahrungen und Erwartungen aller SAP-Kunden. Diese gesammelten Erfahrungen fließen in die regelmäßig erscheinenden Updates ein, von denen dann alle SAP-Kunden profitieren und die Prozesse mehr und mehr optimieren (vgl. sap.com/germany/solutions/business-suite/erp/index).

Weiterer Vorteil der Standardsoftware gegenüber der Individualsoftware ist die unmittelbare Verfügbarkeit. Zwar muss auch die Standardsoftware an die

individuelle Unternehmenssituation angepasst werden, jedoch vollzieht sich dieser Vorgang bei weitem schneller, als die Entwicklung eigener Systemlösungen. Auch hier kommt der Erfahrungswert wieder zum Tragen.

Die Frage, warum man mit SAP arbeiten sollte, ist schnell beantwortet. SAP „bekämpft" nämlich direkt einen der größten Hauptkostenverursacher – die Personalkosten. Durch vereinfachte Produktionsprozesse und bessere Implementierung von Maschinen in die jeweiligen Arbeitsschritte, die mit der SAP-Software kollaborieren, werden unglaubliche Kosten für Personal eingespart. Mit SAP könnnen Produktionsprozesse bedeutend beschleunigt und vereinfacht werden, was einen weiteren Kostenvorteil bewirkt.

Eine vereinheitlichte Software an allen Standorten birgt den Vorteil, dass diese untereinander kommunizieren können und somit Mitarbeiter von verschiedenen Standorten aus am selben Projekt mitwirken können. Im SAP-Service inbegriffen ist die regelmäßige Wartung und Aktualisierung des Systems, die einen Ausfall verhindern soll und hohe Zuverlässigkeit gewährleistet. Kostenaufwändige, externe IT-Spezialisten werden somit nicht weiter benötigt (vgl. de.wikipedia.org/wiki/SAP).

Seit R/3 konnten gigantische, zimmerhohe Großrechner, die im Unterhalt unglaublich anspruchsvoll waren, ersetzt werden durch zentrale, durch das Internet vernetzte Server, auf welche die Client-PCs der Andwender zugreifen können.

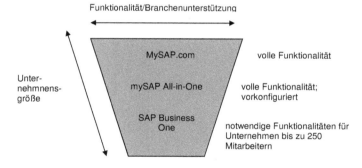

Abbildung 2 – Small Business Solution und mySAP (Quelle Maassen S. 13)

Mit der Entwickkung von mySAP.com und dem Nachfolger mySAP Business Suite wagte die Softwareschmiede einen weiteren wichtigen Schritt in Richtung Service und vereinfachte, übersichtliche Systemarchitektur. Das kommt vor allem dem Mittelstand zu Gute. Während man zu R/3-Zeiten noch Systemkomponenten mitbezahlte, die das Unternehmen vielleicht garnicht brauchte, erlaubt mySAP eine viel individuellere Abstimmung. Die Übersicht zeigt, dass je nach Größe des Unternehmens unterschiedlich Löungen angeboten werden, die viel mehr auf spezifische Bedürfnisse zugeschnitten sind und im Umfang angepasst auch viel weniger Kosten als eine Komplettinstallation verursachen, die alle Bereiche der Betriebswirtschaftslehre abdeckt. Auf der obersten Ebene der Übersicht sind die Industrielösungen angesiedelt – auf der untersten die Lösungen für kleinere mittelständische Unternehmen (vgl. Maassen 2006, S.6).

Zudem ermöglicht mySAP eine bessere Anbindung an Fremdsysteme und deren Schnittstellen, d.h., dass eigene Software-Komponenten nicht mehr so eng aneinander gekoppelt sein müssen.

4 Resümé und Bewertung der Marktposition von SAP

„Unsere wichtigste und auch richtigste Entscheidung haben wir 1987/88 getroffen, als wir uns entschlossen, R/3 zu entwickeln. Der Großrechner war in seiner Hochblüte, R/2 boomte, eigentlich hätten wir uns zurücklehnen können. Aber es reizte uns, eine multiplattformfähige Software zu entwicklen – zu unserem Glück, denn der Großrechner erlebte danach einen fast dramatischen Niedergang" (Dietmar Hopp).

Damals erkannte SAP die Zeichen der Zeit und wusste, darauf zu reagieren. Mit der Entwicklung von R/3 für Client/Server-Systeme erreichte der Konzern seinen größten Coup, der ihn weit an die Spitze des Marktes für ERP-Software katapultierte.

Sodann stellte man mySAP vor, dass extra für den Mittelstand konzipert wurde und bereits händeringend erwartet wurde.

Im September diesen Jahres wagte der Konzern aus dem beschaulichen Walldorf einen weiteren Schritt zur Akquise von Kunden – vor allem von Kleinkunden. In New York stellt Konzernchef Henning Kagermann ein Programm vor (Business by Design), dass ausschließlich via Internet zu erreichen und zu bedienen ist – das perfekte Produkt für Mini-Firmen (vgl. CAPITAL 23 2007, S. 145).

Woher dieser plötzliche Aufbruch in noch unerforschte Gebiete rührte, erscheint eindeutiger, wenn man sich die folgende Tabelle vor Augen führt. Noch bis heute befindet sich SAP deutlich an der Spitze des Marktes für ERP-Software. Doch der Trohn vermag in nur wenigen Jahren zu wackeln, wenn man einen Blick auf die Entwicklung der Wachstumsraten von SAPs Hauptkonkurrent Oracle wirft. Für das Geschäftsjahr 2005 verzeichnete Oracle ein Wachstum von 84% - hauptsächlich durch den Kauf des Konkurrenten Peoplesoft.

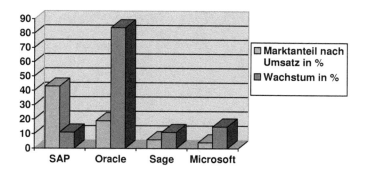

Abbildung 3 - Marktanteile ERP 2005 (Quelle AMR)

Der Trend ist allerdings eindeutig und könnte SAP schon bald um die Marktführerschaft bangen lassen.

Vor allem das ist einer der Gründe, warum SAP seit diesem Jahr auf einer anderen, agressiveren unternehmenspolitischen Schiene fährt. Der Vorstand macht dabei einen

Bruch mit seinem bisherigen Glaubensbekenntnis, SAP wolle niemals im großen Stil Wettbewerber kaufen. Zuletzt kaufte SAP nämlich Business Objects und versucht damit, der Strategie von Oracle-Chef Larry Ellison beizukommen. Trotz SAPs Marktführerschaft und trotz glänzender Umsatz- und Gewinnzahlen lässt sich lediglich eine Marktkapitalisierung von 49 Milliarden Euro und ein stagnierender Seitwärtstrend der Aktie verzeichnen. Oracle hingegen verfügt über eine Marktkapitalisierung von 80 Milliarden Euro und auch die Aktie nimmt deutlich an der Rallye teil, die durch die stetig steigende Nachfrage nach ERP-Software verursacht wird (vgl CAPITAL 23 2007, S. 149). Oracle generiert also nicht nur Wachstum mit Hilfe des stetig steigenden Umsatzes durch Softwareverkäufe, sondern vor allem durch immense Firmenübernahmen, die das Unternehmen bereits 30 Milliarden Euro gekostet haben. Bleibt nur zu beobachten, ob SAP, trotz fehlender Erfahrung auf diesem Gebiet, ähnlich erfolgreich wird, wie Hauptkonkurrent Oracle.

Ferner ist ungewiss, wann und inwiefern das neue ergeizige Projekt Business by Design zur Akquise von Kleinkunden (Kleinunternehmen und Dienstleister mit 100 bis 500 Mitarbeitern) im Geld sein wird. Erst im Jahre 2010 erwartet man

nennenswerte Umsätze. Zudem wagt sich SAP mit dem Kleinkundengeschäft in das Revier vom weltgrößten Softwareproduzenten Microsoft.

Bleibt also nur abzuwarten, wie sich der Verkauf entwickelt, denn das Potenzial für Business by Design ist definitiv gegeben.

Literaturverzeichnis

CAPITAL 23 (2007): Artikel – „Verlockendes Programm", Deutschland

Maassen, A. (2006): Grundkurs SAP R/3, Wiesbaden

Meissner, G. (1997): SAP – Die heimliche Software-Macht: Wie ein mittelständisches Unternehmen die Weltmarkt eroberte, Hamburg

Internetquellen (vom 18.12.2007):

http://www.sap.com/about/company/history.epx
http://www.sap.com/germany/company/index.epx
http://www.sap.com/germany/company/press/index.epx
http://www.sap.com/germany/solutions/business-suite/erp/index.epx
http://de.wikipedia.org/wiki/SAP
http://en.wikipedia.org/wiki/Mysap
http://www.amrresearch.com/Content/View.asp?pmillid=18933
http://www.amrresearch.com/Content/View.asp?pmillid=15818